Tucholsky Wagner Zola Scott Sydow Freud Schlegel
Turgenev Fonatne Wallace
Twain Walther von der Vogelweide Fouqué Friedrich II. von Preußen
Weber Freiligrath Frey
Fechner Fichte Weiße Rose von Fallersleben Kant Ernst Frommel
Richthofen
Hölderlin
Engels Fielding Eichendorff Tacitus Dumas
Fehrs Faber Flaubert
Eliasberg Ebner Eschenbach
Maximilian I. von Habsburg Fock Zweig
Feuerbach Eliot
Ewald Vergil
Goethe London
Elisabeth von Österreich
Mendelssohn Balzac Shakespeare Dostojewski Ganghofer
Lichtenberg Rathenau Doyle Gjellerup
Trackl Stevenson Hambruch
Mommsen Tolstoi Lenz Droste-Hülshoff
Thoma Hanrieder
Dach Verne von Arnim Hägele Hauff Humboldt
Reuter Rousseau Hagen Hauptmann Gautier
Karrillon Garschin Baudelaire
Damaschke Defoe Hebbel
Descartes Hegel Kussmaul Herder
Wolfram von Eschenbach Dickens Schopenhauer Rilke George
Bronner Darwin Melville Grimm Jerome Bebel
Campe Horváth Aristoteles Proust
Bismarck Vigny Voltaire Federer Herodot
Gengenbach Barlach Heine
Storm Casanova Tersteegen Grillparzer Georgy
Chamberlain Lessing Langbein Gilm Gryphius
Brentano Lafontaine
Strachwitz Claudius Schiller Kralik Iffland Sokrates
Katharina II. von Rußland Bellamy Schilling
Gerstäcker Raabe Gibbon Tschechow
Löns Hesse Hoffmann Gogol Wilde Vulpius
Gleim
Luther Heym Hofmannsthal Morgenstern
Roth Klee Hölty Goedicke
Heyse Klopstock Kleist
Luxemburg Puschkin Homer Mörike
Machiavelli La Roche Horaz Musil
Navarra Aurel Musset Kierkegaard Kraft Kraus
Nestroy Marie de France Lamprecht Kind Kirchhoff Hugo Moltke
Laotse Ipsen Liebknecht
Nietzsche Nansen Ringelnatz
Marx Lassalle Gorki Klett Leibniz
von Ossietzky May vom Stein Lawrence Irving
Petalozzi Knigge
Platon Pückler Michelangelo Kafka
Sachs Poe Kock
Liebermann Korolenko
de Sade Praetorius Mistral Zetkin

La maison d'édition tredition, basée à Hambourg, a publié dans la série **TREDITION CLASSICS** des ouvrages anciens de plus de deux millénaires. Ils étaient pour la plupart épuisés ou uniquement disponible chez les bouquinistes.

La série est destinée à préserver la littérature et à promouvoir la culture. Elle contribue ainsi au fait que plusieurs milliers d'œuvres ne tombent plus dans l'oubli.

La figure symbolique de la série **TREDITION CLASSICS**, est Johannes Gutenberg (1400 - 1468), imprimeur et inventeur de caractères métalliques mobiles et de la presse d'impression.

Avec sa série **TREDITION CLASSICS**, tredition à comme but de mettre à disposition des milliers de classiques de la littérature mondiale dans différentes langues et de les diffuser dans le monde entier. Toutes les œuvres de cette série sont chacune disponibles en format de poche et en édition relié. Pour plus d'informations sur cette série unique de livres et sur l'éditeur tredition, visitez notre site: www.tredition.com

tredition a été créé en 2006 par Sandra Latusseck et Soenke Schulz. Basé à Hambourg, en Allemagne, tredition offre des solutions d'édition aux auteurs ainsi qu'aux maisons d'édition, en combinant à la fois édition et distribution du contenu du livre en imprimé et numérique et ce dans le monde entier. tredition est idéalement positionnée pour permettre aux auteurs et maisons d'édition de créer des livres dans leurs propres domaines et sujets sans prendre de risques de fabrication conventionnelles.

Pour plus d'informations nous vous invitons à visiter notre site: www.tredition.com

Le Tour du Monde; Sicile Journal des voyages et des voyageurs; 2. sem. 1860

Edouard Charton

Mentions légales

Cette œuvre fait partie de la série TREDITION CLASSICS.

Auteur: Édouard Charton
Conception de couverture: toepferschumann, Berlin (Allemagne)

Editeur: tredition GmbH, Hambourg (Allemagne)
ISBN: 978-3-8491-2569-1

www.tredition.com
www.tredition.de

Toutes les œuvres sont du domaine public en fonction du meilleur de nos connaissances et sont donc plus soumis au droit d'auteur.

L'objectif de TREDITIONS CLASSICS est de mettre à nouveau à disposition des milliers d'œuvres de classiques français, allemands et d'autres langues disponible dans un format livre. Les œuvres ont été scannés et digitalisés. Malgré tous les soins apportés, des erreurs ne peuvent pas être complètement exclues. Nos partenaires et nous même, tredition, essayons d'aboutir aux meilleurs résultats. Toutefois, si des fautes subsistent, nous vous prions de nous en excuser. L'orthographe de l'œuvre originale a été reprise sans modification. Il se peut que ce dernier diffère de l'orthographe utilisée aujourd'hui.

LE TOUR DU MONDE

NOUVEAU JOURNAL DES VOYAGES

PUBLIÉ SOUS LA DIRECTION
DE M. ÉDOUARD CHARTON
ET ILLUSTRÉ PAR NOS PLUS CÉLÈBRES ARTISTES
1860
DEUXIÈME SEMESTRE
LIBRAIRIE DE L. HACHETTE ET Cie
PARIS, BOULEVARD SAINT-GERMAIN, N° 77
LONDRES, KING WILLIAM STREET, STRAND
LEIPZIG, 15, POST-STRASSE

1860

TABLE DES MATIÈRES.

Un mois en Sicile (1843. — Inédit.), par M. Félix Bourquelot.

Arrivée en Sicile. — Palerme et ses habitants. — Les monuments de Palerme. — La cathédrale de Monreale. — De Palerme à Trapani. — Partenico. — Alcamo. — Calatafimi. — Ruines de Ségeste. — Trapani. — La sépulture du couvent des capucins. — Le mont Éryx. — De Trapani à Girgenti. — La Lettica. — Castelvetrano. — Ruines de Sélinonte. — Sciacca. — Girgenti (Agrigente). — De Girgenti à Castrogiovanni. — Caltanizzetta. — Castrogiovanni. — Le lac Pergusa et l'enlèvement de Proserpine. — De Castrogiovanni à Syracuse. — Calatagirone. — Vezzini. — Syracuse. — De Syracuse à Catane. — Lentini. — Catane. — Ascension de l'Etna. — Taormine. — Messine. — Retour à Naples.

Voyage en Perse, fragments par M. le comte A. de Gobineau (1855-1858), dessins inédits de M. Jules Laurens.

Arrivée à Ispahan. — Le gouverneur. — Aspect de la ville. — Le Tchéhar-Bâgh. — Le collége de la Mère du roi. — La mosquée du roi. — Les quarante colonnes. — Présentations. — Le pont du Zend-è-Roub. — Un dîner à Ispahan. — La danse et la comédie. — Les habitants d'Ispahan. — D'Ispahan à Kaschan. — Kaschan. — Ses fabriques. — Son imprimerie lithographique. — Ses scorpions. — Une légende. — Les bazars. — Le collége. — De Kaschan à la plaine de Téhéran. — Koum. — Feux d'artifice. — Le pont du Barbier. — Le désert de Khavèr. — Houzé-Sultan. — La plaine de Téhéran. — Téhéran. — Notre entrée dans la ville. — Notre habitation.

Une audience du roi de Perse. — Nouvelles constructions à Téhéran. — Température. — Longévité. — Les nomades. — Deux pèlerins. — Le culte du feu. — La police. — Les ponts. — Le laisser aller administratif. — Les amusements d'un bazar persan. — Les fiançailles. — Le divorce. — La journée d'une Persane. — La journée d'un Persan. — Les visites. — Formules de politesses. — La peinture et la calligraphie persanes. — Les chansons royales. — Les conteurs d'histoires. — Les spectacles: drames historiques. — Épilogue. — Le Démavend. — L'enfant qui cherche un trésor.

Voyages aux Indes Occidentales, par M. Anthony Trollope (1858-1859); dessins inédits de M. A. de Bérard.

L'île Saint-Thomas. — La Jamaïque: Kingston; Spanish-Town; les réserves; la végétation. — Les planteurs et les nègres. — Plaintes d'une Ariane noire. — La toilette des négresses. — Avenir des mulâtres. — Les petites Antilles. — La Martinique. — La Guadeloupe. — Grenada. — La Guyane anglaise. — Une sucrerie. — Barbados. — La Trinidad. — La Nouvelle-Grenade. — Sainte-Marthe. — Carthagène. — Le chemin de fer de Panama. — Costa Rica: San José; le Mont-Blanco. — Le Serapiqui. — Greytown.

Voyage dans les États scandinaves, par M. Paul Riant. (Le Télémark et l'évêché de Bergen.) (1858. — Inédit.)

Le Télémark. — Christiania. — Départ pour le Télémark. — Mode de voyager. — Paysage. — La vallée et la ville de Drammen. — De Drammen à Kongsberg. — Le cheval norvégien. — Kongsberg et ses gisements métallifères. — Les montagnes du Télémark. — Leurs habitants. — Hospitalité des gaards et des sæters. — Une sorcière. — Les lacs Tinn et Mjös. — Le Westfjord. — La chute du Rjukan. — Légende de la belle Marie. — Dal. — Le livre des étrangers. — L'église d'Hitterdal. — L'ivresse en Norvège. — Le châtelain aubergiste. — Les lacs Sillegjord et Bandak. — Le ravin des Corbeaux.

— Le Saint-Olaf et ses pareils. — Navigation intérieure. — Retour à Christiania par Skien.

L'évêché de Bergen. — La presqu'île de Bergen. — Lærdal. — Le Sognefjord. — Vosse-Vangen. — Le Vöringfoss. — Le Hardangerfjord. — De Vikoër à Sammanger et à Bergen.

Voyage de M. Guillaume Lejean dans l'Afrique orientale (1860. — Texte et dessins inédits.) — Lettre au Directeur du Tour du monde (Khartoum, 10 mai 1860).

D'Alexandrie à Souakin. — L'Égypte. — Le désert. — Le simoun. — Suez. — Un danger. — Le mirage. — Tor. — Qosséir. — Djambo. — Djeddah.

Voyage au mont Athos, par M. A. Proust (1858. — Inédit.)

Salonique. — Juifs, Grecs et Bulgares. — Les mosquées. — L'Albanais Rabottas. — Préparatifs de départ. — Vasilika. — Galatz. —

Nedgesalar. — L'Athos. — Saint-Nicolas. — Le P. Gédéon. — Le couvent russe. — La messe chez les Grecs. — Kariès et la république de l'Athos. — Le voïvode turc. — Le peintre Anthimès et le pappas Manuel. — M. de Sévastiannoff.

Ermites indépendants. — Le monastère de Koutloumousis. — Les bibliothèques. — La peinture. — Manuel Panselinos et les peintres modernes. — Le monastère d'Iveron. — Les carêmes. — Peintres et peintures. — Stavronikitas. — Miracles. — Un Vroukolakas. — Les bibliothèques. — Les mulets. — Philotheos. — Les moines et la guerre de l'Indépendance. — Karacallos. — L'union des deux Églises. — Les pénitences et les fautes.

La légende d'Arcadius. — Le pappas de Smyrne. — Esphigmenou. — Théodose le Jeune. — L'ex-patriarche Anthymos et l'Église grecque. — L'isthme de l'Athos et Xerxès. — Les monastères bulgares: Kiliandari et Zographos. — La légende du peintre. — Beauté du paysage. — Castamoniti. — Une femme au mont Athos. — Dokiarios. — La secte des Palamites. — Saint-Xénophon. — La pêche aux éponges. — Retour à Kariès. — Xiropotamos, le couvent du Fleuve Sec. — Départ de Daphné. — Marino le chanteur.

Voyage d'un naturaliste (Charles Darwin). — L'archipel Galapagos et les attoles ou îles de coraux. — (1838).

L'Archipel Galapagos. — Groupe volcanique. — Innombrables cratères. — Aspect bizarre de la végétation. — L'île Chatam. — Colonie de l'île Charles. — L'île James. — Lac salé dans un cratère. — Histoire naturelle de ce groupe d'îles. — Mammifères; souris indigène. — Ornithologie; familiarité des oiseaux; terreur de l'homme; instinct acquis. — Reptiles; tortues de terre; leurs habitudes.

Encore les tortues de terre; lézard aquatique se nourrissant de plantes marines; lézard terrestre herbivore, se creusant un terrier. — Importance des reptiles dans cet archipel où ils remplacent les mammifères. — Différences entre les espèces qui habitent les diverses îles. — Aspect général américain.

Les attoles ou îles de coraux. — Île Keeling. — Aspect merveilleux. — Flore exiguë. — Voyage des graines. — Oiseaux. — Insectes. — Sources à flux et reflux. — Chasse aux tortues. — Champs de coraux morts. — Pierres transportées par les racines des arbres.

— Grand crabe. — Corail piquant. — Poissons se nourrissant de coraux. — Formation des attoles. — Profondeur à laquelle le corail peut vivre. — Vastes espaces parsemés d'îles de corail. — Abaissement de leurs fondations. — Barrières. — Franges de récifs. — Changement des franges en barrières et des barrières en attoles.

Biographie.—Brun-Rollet.

Voyage au pays des Yakoutes (Russie asiatique), par Ouvarovski (1830-1839).

Djigansk. — Mes premiers souvenirs. — Brigandages. — Le paysage de Djigansk. — Les habitants. — La pêche. — Si les poissons morts sont bons à manger. — La sorcière Agrippine. — Mon premier voyage. — Killæm et ses environs. — Malheurs. — Les Yakoutes. — La chasse et la pêche. — Yakoutsk. — Mon premier emploi. — J'avance. — Dernières recommandations de ma mère. — Irkoutsk. — Voyage. — Oudskoï. — Mes bagages. — Campement. — Le froid. — La rivière Outchour. — L'Aldan. — Voyage dans la neige et dans la glace. — L'Ægnæ. — Un Tongouse qui pleure son chien. — Obstacles et fatigues. — Les guides. — Ascension du Diougdjour. — Stratagème pour prendre un oiseau. — La ville d'Oudskoï. — La pêche à l'embouchure du fleuve Ut. — Navigation pénible. — Boroukan. — Une halte dans la neige. — Les rennes. — Le mont Byraya. — Retour à Oudskoï et à Yakoutsk.

Viliouisk. — Sel tricolore. — Bois pétrifié. — Le Sountar. — Nouveau voyage. — Description du pays des Yakoutes. — Climat. — Population. — Caractères. — Aptitudes. — Les femmes yakoutes.

De Sydney à Adélaïde (Australie du Sud), notes extraites d'une correspondance particulière (1860).

Les Alpes australiennes. — Le bassin du Murray. — Ce qui reste des anciens maîtres du sol. — Navigation sur le Murray. — Frontières de l'Australie du Sud. — Le lac Alexandrina. — Le Kanguroo rouge. — La colonie de l'Australie du Sud. — Adélaïde. — Culture et mines.

Voyages et découvertes au centre de l'Afrique, journal du docteur Barth (1849-1855).

Henry Barth. — But de l'expédition de Richardson. — Départ. — Le Fezzan. — Mourzouk. — Le désert. — Le palais des démons. — Barth s'égare; torture et agonie. — Oasis. — Les Touaregs. — Dunes. — Afalesselez. — Bubales et moufflons. — Ouragan. — Frontières de l'Asben. — Extorsions. — Déluge à une latitude où il ne doit pas pleuvoir. — La Suisse du désert. — Sombre vallée de Taghist. — Riante vallée d'Auderas. — Agadez. — Sa décadence. — Entrevue de Barth et du sultan. — Pouvoir despotique. — Coup d'œil sur les mœurs. — Habitat de la girafe. — Le Soudan; le Damergou. — Architecture. — Katchéna; Barth est prisonnier. — Pénurie d'argent. — Kano. — Son aspect, son industrie, sa population. — De Kano à Kouka. — Mort de Richardson. — Arrivée à Kouka. — Difficultés croissantes. — L'énergie du voyageur en triomphe. — Ses visiteurs. — Un vieux courtisan. — Le vizir et ses quatre cents femmes. — Description de la ville, son marché, ses habitants. — Le Dendal. — Excursion. — Angornou. — Le lac Tchad.

Départ. — Aspect désolé du pays. — Les Ghouas. — Mabani. — Le mont Délabéda. — Forgeron en plein vent. — Dévastation. — Orage. — Baobab. — Le Mendif. — Les Marghis. — L'Adamaoua. — Mboutoudi. — Proposition de mariage. — Installation de vive force chez le fils du gouverneur de Soulleri. — Le Bénoué. — Yola. — Mauvais accueil. — Renvoi subit. — Les Ouélad-Sliman. — Situation politique du Bornou. — La ville de Yo. — Ngégimi ou Ingégimi. — Chute dans un bourbier. — Territoire ennemi. — Razzia. — Nouvelle expédition. — Troisième départ de Kouka. — Le chef de la police. — Aspect de l'armée. — Dikoua. — Marche de l'armée. — Le Mosgou. — Adishen et son escorte. — Beauté du pays. — Chasse à l'homme. — Erreur des Européens sur le centre de l'Afrique. — Incendies. — Baga. — Partage du butin. — Entrée dans le Baghirmi. — Refus de passage. — Traversée du Chari. — À travers champs. — Défense d'aller plus loin. — Hospitalité de Bou-Bakr-Sadik. — Barth est arrêté. — On lui met les fers aux pieds. — Délivré par Sadik. — Maséna. — Un savant. — Les femmes de Baghirmi. — Combat avec des fourmis. — Cortége du sultan. — Dépêches de Londres.

De Katchéna au Niger. — Le district de Mouniyo. — Lacs remarquables. — Aspect curieux de Zinder. — Route périlleuse. — Activité des fourmis. — Le Ghaladina de Sokoto. — Marche forcée de trente heures. — L'émir Aliyou. — Vourno. — Situation du pays. —

Cortége nuptial. — Sokoto. — Caprice d'une boîte à musique. — Gando. — Khalilou. — Un chevalier d'industrie. — Exactions. — Pluie. — Désolation et fécondité. — Zogirma. — La vallée de Foga. — Le Niger. — La ville de Say. — Région mystérieuse. — Orage. — Passage de la Sirba. — Fin du rhamadan à Sebba. — Bijoux en cuivre. — De l'eau partout. — Barth déguisé en schérif. — Horreur des chiens. — Montagnes du Hombori. — Protection des Touaregs. — Bambara. — Prières pour la pluie. — Sur l'eau. — Kabara. — Visites importunes. — Dangereux passage. — Tinboctoue, Tomboctou ou Tembouctou. — El Bakay. — Menaces. — Le camp du cheik. — Irritation croissante. — Sus au chrétien! — Les Foullanes veulent assiéger la ville. — Départ. — Un preux chez les Touaregs. — Zone rocheuse. — Lenteurs désespérantes. — Gogo. — Gando. — Kano. — Retour.

Voyages et aventures du baron de Wogan en Californie (1850-1852. — Inédit).

Arrivée à San-Francisco. — Description de cette ville. — Départ pour les placers. — Le claim. — Première déception. — La solitude. — Mineur et chasseur. — Départ pour l'intérieur. — L'ours gris. — Reconnaissance des sauvages. — Captivité. — Jugement. — Le poteau de la guerre. — L'Anglais chef de tribu. — Délivrance.

Voyage dans le royaume d'Ava (empire des Birmans), par le capitaine Henri Yule, du corps du génie bengalais (1855).

Départ de Rangoun. — Frontières anglaises et birmanes. — Aspect du fleuve et de ses bords. — La ville de Magwé. — Musique, concert et drames birmans. — Sources de naphte; leur exploitation. — Un monastère et ses habitants. — La ville de Pagán. — Myeen-Kyan. — Amarapoura. — Paysage. — Arrivée à Amarapoura.

Amarapoura; ses palais, ses temples. — L'éléphant blanc. — Population de la ville. — Recensement suspect. — Audience du roi. — Présents offerts et reçus. — Le prince héritier présomptif et la princesse royale. — Incident diplomatique. — Religion bouddhique. — Visites aux grands fonctionnaires. — Les dames birmanes.

Comment on dompte les éléphants en Birmanie. — Excursions autour d'Amarapoura. — Géologie de la vallée de l'Irawady. — Les poissons familiers. — Le serpent hamadryade. — Les Shans et autres peuples indigènes du royaume d'Ava. — Les femmes chez les Birmans et chez les Karens. — Fêtes birmanes. — Audience de congé. — Refus de signer un traité. — Lettre royale. — Départ d'Amarapoura et retour à Rangoun. — Coup d'œil rétrospectif sur la Birmanie.

Voyage aux grands lacs de l'Afrique orientale, par le capitaine Burton (1857-1859).

But de l'expédition. — Le capitaine Burton. — Zanzibar. — Aspect de la côte. — Un village. — Les Béloutchis. — Ouamrima. — Fertilité du sol. — Dégoût inspiré par le pantalon. — Vallée de la mort. — Supplice de M. Maizan. — Hallucination de l'assassin. — Horreur du paysage. — Humidité. — Zoungoméro. — Effets de la traite. — Personnel de la caravane. — Métis arabes, Hindous, jeunes gens mis en gage par leurs familles. — Ânes de selle et de bât. — Chaîne de l'Ousagara. — Transformation du climat. — Nouvelles plaines insalubres. — Contraste. — Ruine d'un village. — Fourmis noires. — Troisième rampe de l'Ousagara. — La Passe terrible. — L'Ougogo. — L'Ougogi. — Épines. — Le Zihoua. — Caravanes. — Curiosité des indigènes. — Faune. — Un despote. — La plaine embrasée. — Coup d'œil sur la vallée d'Ougogo. — Aridité. — Kraals. — Absence de combustible. — Géologie. — Climat. — Printemps. — Indigènes. — District de Toula. — Le chef Maoula. — Forêt dangereuse.

Arrivée à Kazeh. — Accueil hospitalier. — Snay ben Amir. — Établissements des Arabes. — Leur manière de vivre. — Le Tembé. — Chemins de l'Afrique orientale. — Caravanes. — Porteurs. — Une journée de marche. — Costume du guide. — Le Mganga. — Coiffures. — Halte. — Danse. — Séjour à Kazeh. — Avidité des Béloutchis. — Saison pluvieuse. — Yombo. — Coucher du soleil. — Jolies fumeuses. — Le Mséné. — Orgies. — Kajjanjéri. — Maladie. — Passage du Malagarazi. — Tradition. — Beauté de la Terre de la Lune. — Soirée de printemps. — Orage. — Faune. — Cynocéphales, chiens sauvages, oiseaux d'eau. — Ouakimbou. — Ouanyamouézi. — Toilette. — Naissances. — Éducation. — Funérailles. — Mobilier. — Lieu public. — Gouvernement. — Ordalie. — Région insalubre et féconde. — Aspect du Tanganyika. — Ravissements. — Kaouélé.

Tatouage. — Cosmétiques. — Manière originale de priser. — Caractère des Ouajiji; leur cérémonial. — Autres riverains du lac. — Ouatata, vie nomade, conquêtes, manière de se battre, hospitalité. — Installation à Kaouélé. — Visite de Kannéna. — Tribulations. — Maladies. — Sur le lac. — Bourgades de pêcheurs. — Ouafanya. — Le chef Kanoni. — Côte inhospitalière. — L'île d'Oubouari. — Anthropophages. — Accueil flatteur des Ouavira. — Pas d'issue au Tanganyika. — Tempête. — Retour.

Fragment d'un voyage au Saubat (affluent du Nil Blanc), par M. Andrea Debono (1855).

Voyage à l'île de Cuba, par M. Richard Dana (1859).

Départ de New-York. — Une nuit en mer. — Première vue de Cuba. — Le Morro. — Aspect de la Havane. — Les rues. — La volante. — La place d'Armes. — La promenade d'Isabelle II. — L'hôtel Le Grand. — Bains dans les rochers. — Coolies chinois. — Quartier pauvre à la Havane. — La promenade de Tacon. — Les surnoms à la Havane. — Matanzas. — La Plaza. — Limossar. — L'intérieur de l'île. — La végétation. — Les champs de canne à sucre. — Une plantation. — Le café. — La vie dans une plantation de sucre. — Le Cumbre. — Le passage. — Retour à la Havane. — La population de Cuba. — Les noirs libres. — Les mystères de l'esclavage. — Les productions naturelles. — Le climat.

Excursions dans le Dauphiné, par M. Adolphe Joanne (1850-1860).

Le pic de Belledon. — Le Dauphiné. — Les Goulets.

Les gorges d'Omblèze. — Die. — La vallée de Roumeyer. — La forêt de Saou. — Le col de la Cochette.

Excursions dans le Dauphiné, par M. Élisée Reclus (1850-1860).

La Grave. — L'Aiguille du midi. — Le clapier de Saint-Christophe. — Le pont du Diable. — La Bérarde. — Le col de la Tempe. — La Vallouise. — Le Pertuis-Rostan. — Le village des Claux. — Le mont Pelvoux. — La Balme-Chapelu. — Mœurs des habitants.

Liste des gravures.

Liste des cartes.

Errata.

Chapelle de Sainte-Rosalie, près Palerme (voy. p. 5). — Dessin de Rouargue.

UN MOIS EN SICILE[1],

1843. — INÉDIT.
PAR M. FÉLIX BOURQUELOT.

Arrivée en Sicile. — Palerme et ses habitants.

Parti la veille (4 septembre 1843) de Naples, notre bateau à vapeur, l'Etna, s'approche rapidement des côtes de la Sicile. Palerme est devant nous. À travers la pure transparence de l'atmosphère, nous contemplons la capitale de la Sicile se déroulant avec grâce au fond de son golfe arrondi. Les rayons du soleil levant glissent au-dessus de la masse confuse des maisons et dorent les clochers des églises et les pavillons des palais. Dans un bleuâtre lointain apparaissent des montagnes indécises, tandis qu'à l'ouest le mont Pellegrino, (p. 002) aux arêtes roides et tranchées, aux flancs nus et sévères, contraste vigoureusement avec la richesse verdoyante de la vallée qu'il domine.

Les douaniers viennent se jeter désagréablement à travers ces premières impressions. Dès qu'ils ont achevé leur fastidieuse besogne, je descends dans une barque et elle me conduit vers la partie de la ville que termine une porte monumentale, la porta Felice, nom d'heureux augure! De là je me rends à pied à l'hôtel de France. (Les affaires avant les plaisirs!) Je vais au consulat, puis je porte çà et là mes lettres de recommandation. Il est trois heures après midi. La table d'hôte est servie. Ni les mets ni les convives ne m'intéressent. J'ai hâte de parcourir la ville, et, avant la fin du dîner, je pars.

L'aspect général de Palerme est plutôt d'une ville espagnole que d'une ville italienne. Sa forme est un carré légèrement allongé, dont un des petits côtés, au nord-est, est adossé à la mer. Son port est abrité par un môle qui s'avance d'environ 1400 mètres au sud et 800 à l'ouest. Elle se compose de quatre quartiers, séparés par deux grandes voies: celle du Cassaro ou rue de Tolède ou Corso, qui descend en ligne droite vers la mer, la StradaMacqueda ou Nuova, qui coupe le Cassaro à angle droit. Au point d'intersection, est la place appelée des Quattro Cantoni, encadrée de palais symétriques et décorée de fontaines et de statues.

Les rues del Cassaro et Macqueda sont, sinon aussi animées, au moins plus propres et plus régulières que la fameuse rue de Tolède à Naples. Comme dans beaucoup de villes de l'Italie, ce sont les galériens qui les balayent et qui les nettoient. On rencontre de distance en distance des fontaines, dont quelques-unes ont des proportions colossales. Des balcons en fer font saillie à toutes les fenêtres; dans la rue de Tolède et sur la place prétorienne, on en voit qui sont grillés et occupent toute la largeur des maisons à l'étage le plus élevé. Il paraît que des religieuses cloîtrées, dont les couvents sont à peu de distance, arrivent par des passages souterrains jusqu'à ces balcons et y jouissent du spectacle des fêtes et des processions solennelles. On m'a même raconté (faut-il le croire?) que de là maintes nonnes, pour la plupart filles de bonne maison enlevées de gré ou de force aux douceurs de la vie mondaine, échangent des regards et des signes avec de jeunes galants qui se logent aux environs, et qui épient avec patience pendant des jours entiers le moment favorable.

La vie des Palermitains se passe presque toute en plein air; les affaires, le travail, les plaisirs, tout a lieu dans la rue; on pourrait presque dire qu'on y dort, à voir tant de groupes d'hommes couchés la nuit sur les trottoirs, sur les marches des palais et aux portes des églises. Des artisans de divers métiers travaillent sur les balcons, ou le soir, devant leurs ateliers, à la lueur de petites lampes. Les maisons sont en communication aussi complète que possible avec l'air extérieur; l'œil pénètre sans obstacle dans les boutiques et dans les cabinets d'affaires; il n'est pas jusqu'au notaire qu'on ne puisse se donner le plaisir d'observer, de la rue, attablé au milieu de ses dossiers, dictant des actes à son unique clerc et causant avec ses rares clients.

On n'a point exagéré la sobriété des Siciliens; du pain et de l'eau pour les plus misérables, des figues d'Inde ou d'autres fruits communs pour les autres, du macaroni pour les mieux partagés, cela suffit. Le ciel est si splendide, la brise du soir si rafraîchissante, la campagne si belle! C'est aux peuples du Nord, enveloppés dans leurs tristes brumes, à aimer les longs et succulents festins.

Les Palermitains sont d'une nature facile et enjouée: ils ont beaucoup de vivacité dans le geste; ils paraissent fiers, querelleurs et méfiants. Toutes les portes ont des judas, à travers lesquels on examine attentivement les visiteurs avant d'ouvrir. La physionomie de presque tous les habitants est spirituelle; les femmes se distinguent par une certaine élégance naturelle très-agréable.

La principale distraction des Palermitains est la promenade du soir sur le quai appelé la Marina, qui s'étend au loin à droite en sortant par la porta Felice, et qui est véritablement un endroit délicieux. On y fait de la musique pendant trois mois de l'année. D'autres promeneurs préfèrent la rue de Tolède et la route de Monreale.

Les cafés sont de fort chétive apparence. Le café au lait y est servi dans l'état de préparation le plus avancé; les deux liquides sont mélangés d'avance dans des verres à boire, le sucre est râpé, le pain divisé en petites bouchées. On a des glaces d'espèces très-variées et de bonne qualité, non-seulement dans les cafés, mais dans de petites boutiques d'aquaioli, qui, à la différence de ceux de Naples, sont sédentaires.

Les cercles formés par souscription, où l'on trouve quelques journaux, où l'on joue, où les négociants viennent causer de leurs affaires, sont au rez-de-chaussée et ouverts comme les cafés.

Les théâtres, Carolino, di Santa Cecilia, San Ferdinando, sont assez fréquentés. Les prix y sont peu élevés. On y entre sans «faire queue,» on y circule à l'aise, sans se heurter des coudes et des genoux: Paris est la seule capitale de l'Europe où l'on s'obstine à mêler beaucoup de petits supplices au plaisir du spectacle.

Les monuments de Palerme.

Palerme a été tour à tour grecque, carthaginoise, romaine, arabe, normande, espagnole, etc. On peut lire sur ses monuments ses diverses aventures historiques.

Elle a conservé de l'antiquité grecque et romaine: les restes d'un bain, sous l'église de Santa Maria la Guadagna; les ruines d'un théâtre, sous le palais du sénat; (p. 004) des bases de murailles, quelques statues, des inscriptions et des médailles.

CARTE

de la

SICILE

Dressée par A. Vuillemin.

Note: Taille du fichier: 2893 x 1957 — 1,96MB

Trois palais encore debout: la Ziza, la Cuba, et Favara, édifices quadrilatéraux bâtis en grandes pierres régulières et ornés de panneaux en ogives, rappellent la période sarrasine. Le plus joli des trois, Ziza (ce qui veut dire fleur naissante en arabe), est situé au nord-ouest de la ville. Une grande porte flanquée de colonnes donne sur un vestibule, où sont gravées des inscriptions cufiques et espagnoles; à la suite s'ouvre une salle carrée, voûtée en forme de rayon de miel et revêtue de mosaïques. Au fond une source verse sur des gradins de marbre blanc son eau limpide, qui passe gracieusement dans un canal et dans des bassins de même blancheur. Le toit aplati est environné d'un parapet dont les pierres portent une inscription en caractères cufiques.

Les principaux monuments de la domination normande sont: le pont de l'Amiral jeté sur l'Oreto par l'amiral Georges d'Antioche, l'église de la Maggione, construite par le chancelier Matteo de Salerne, l'église de San Giovanni degli Eremiti, fondée par le comte Roger, celles de San Cataldo, de San Salvadore, de San Giovanni dei Leprosi, la cathédrale, le palais royal et l'église de la Martorana.

Types et costumes siciliens. — Dessin de Rouargue.

Le palais royal doit à Robert Guiscard, à Roger, aux deux Guillaume, à Frédéric II et à son fils Mainfroi, sa fondation et ses premiers accroissements. Peu de restes de la construction primitive sont aujourd'hui debout; les plus remarquables sont: la tour de Santa Nimfa, l'une des quatre dont les angles du palais étaient flanqués, et la chapelle dite chapelle Palatine. Ce dernier édifice se compose de trois nefs, dont les voûtes sont portées par des colonnes de granit à chapiteaux dorés. Les murailles, la coupole qui s'élève au-dessus de l'intersection des bras de la croix, les voûtes et les plafonds des nefs, sont ornés, dans toute leur étendue, de plaques de marbre blanc et de porphyre, de pierres dures, de mosaïques à fond doré, de caissons, de pendentifs, de peintures en couleurs brillantes, dont l'ensemble produit l'effet le plus éblouissant. On remarque dans la chapelle Palatine une très-belle chaire en marbre blanc, en porphyre et en mosaïque, soutenue par des' colonnes historiées, un grand candélabre en marbre blanc porté par des lions, et une estrade pour le siège royal.

Les appartements du palazzo reale renferment des portraits en pied des vice-rois et des gouverneurs de la Sicile, des fresques exécutées par Vélasquez, et deux béliers en bronze d'un très-beau travail, qui viennent de l'antique Syracuse, et qui, dit-on, placés jadis sur une tour élevée, rendaient au souffle du vent des sons indiquant aux navigateurs l'état de l'atmosphère. L'observatoire construit en 1791 par l'abbé Piazzi, et où cet (p. 005) astronome découvrit la planète Cérès, est une des curiosités du palais royal.

La cathédrale est peu distante de ce palais avec lequel elle communiquait primitivement par un chemin couvert. Construite par l'archevêque Gauthier Offamilit et consacrée en 1185, elle a été refaite dans la plupart de ses parties à des époques postérieures. La façade principale et les grandes portes, avec des arceaux en ogive, des arabesques, des colonnes, et des inscriptions latines et arabes, donnent sur une place qui s'étend jusqu'à la rue du Cassaro. Une tour et une coupole surmontent l'édifice, que couronne dans toute sa largeur un feston dentelé. Deux larges arceaux à ogive unissent la cathédrale au beffroi. L'intérieur est à trois nefs; on y remarque les colonnes de granit égyptien qui décorent les piliers, des statues en marbre blanc d'Antonio Gagini, le plus célèbre sculpteur sicilien, né à Palerme en 1480, mort en 1573, de jolis bas-reliefs, des tableaux de Vélasquez et d'un autre artiste sicilien, Pietro Novelli, dit le Morrealese; j'y ai lu aussi le texte latin, écrit en caractères dorés sur marbre noir, d'une lettre que, suivant une tradition populaire, la mère du Christ aurait adressée aux habitants de Messine en réponse à une députation que ceux-ci lui avaient envoyée.

Ruines à Girgenti (Agrigente) (voy. p. 14). — Dessin de Rouargue.

En général une dévotion très-vive, mais très-peu éclairée, est le trait caractéristique des Palermitains et des autres Siciliens. Ils ont des notions assez vagues sur Dieu et sur Jésus-Christ, mais ils savent les noms des saints les plus puissants, le détail des miracles et des vertus curatives de chacun d'eux, et c'est avec pompe et avec bruit qu'ils les honorent. À toutes les fêtes, et les fêtes sont fort souvent répétées, on tend les églises de draperies rouges et ornées d'or et d'argent, on les illumine de myriades de cierges, on expose dans les rues des images sacrées, on allume des lampions, on tire des fusées et des pièces d'artifice, et la musique, fort aimée des Siciliens fait entendre ses joyeuses fanfares. La foule accourt, et promène à travers la ville, en chantant et en criant vivat, des reliques et des figures peintes ou sculptées.

Chaque ville de Sicile a adopté un saint qu'elle regarde comme son protecteur, qu'elle invoque dans le danger, dans les calamités, et qu'elle paye de ses bienfaits en amour, en honneurs et en présents. Palerme a choisi sainte Rosalie. C'était, dit la légende, une nièce du roi normand Guillaume le Bon, qui, renonçant à la vie mondaine, se retira dans une grotte solitaire du mont Pellegrino, et s'y voua à la contemplation et à la prière. Son corps, découvert en 1624, ayant été transporté à Palerme pendant qu'une peste terrible affligeait la ville, la peste cessa soudain. La grotte où elle a vécu et que la piété populaire a transformée en chapelle, est l'objet d'un pèlerinage très-célèbre (voy. p. 1). Sa fête annuelle, (p. 006) qui commence vers le 10 juillet, et qui dure cinq jours, est une suite de cérémonies, de processions, de triomphes, de courses de chevaux libres, d'illuminations, de feux d'artifice, qui font le bonheur des habitants et attirent une multitude d'étrangers. La statue de la sainte traverse la rue du Cassaro sur un char colossal de plus de vingt-trois mètres de haut et de vingt-six mètres de long, traîné par des bœufs ou par des mules, orné de figures diverses et même de divinités païennes, et renfermant dans son sein des musiciens qui exécutent des morceaux de circonstance.

L'église du monastère de Santa Maria di Martorana fut fondée vers 1143 par l'amiral Georges d'Antioche. On y voit une mosaïque représentant le roi Roger, prosterné devant la Vierge, à laquelle il vient de remettre une charte qu'elle tient à la main; une autre mosaïque représente le même roi, en costume byzantin, vêtu de la dalmatique, recevant du Christ la couronne royale.

N'oublions pas que Palerme possède un musée de sculpture contenant des restes précieux d'antiquités, une collection géologique et plusieurs bibliothèques.

La cathédrale de Monreale.

Monreale est située à quatre milles au sud-ouest de Palerme. Qui n'a entendu parler de sa cathédrale? Je partis un matin par la porta Nuova, dans un calesso de louage. La route qui mène à Monreale par des pentes douces ménagées dans le versant des montagnes, est charmante: on l'a ornée de bancs, de fontaines et d'une allée de lauriers-roses; d'un côté se dressent des rochers qu'embellissent les eaux tombantes des sources et la verdure des aloès et des cactus, de l'autre s'étend un vallon, couvert à profusion d'oliviers, de figuiers, d'orangers, de citronniers, avec Palerme et la mer dans le lointain.

La ville de Monreale a une population de plus de 13 000 habitants; on leur attribue une origine sarrasine; leurs mœurs sont différentes de celles des Palermitains.

Le couvent des bénédictins m'attira tout d'abord. L'escalier renferme des toiles de Vélasquez et de Pietro Novelli. Le cloître est d'une incomparable beauté. Des galeries, disposées en carré, s'ouvrant sur un jardin verdoyant, offrent à l'œil une série d'arceaux en ogives d'une courbure orientale, que soutiennent 216 colonnes accouplées, de formes variées à l'infini et ornées de deux en deux de mosaïques. Dans le jardin intérieur, des fontaines jaillissent du milieu des arbres et des fleurs et retombent dans des vasques de marbre. Avec le ciel et le soleil de la Sicile, l'effet est féerique; grandeur de l'ensemble, élégance du détail, harmonie de la nature et de l'œuvre humaine, tout se trouve réuni dans ce cloître, dû à la piété de Guillaume le Bon (vers 1174).

La vue de l'église de Monreale ne refroidit pas mon enthousiasme. Je ne parlerai pas de l'extérieur; une seule tour, au lieu de deux, orne aujourd'hui la façade, qui se distingue surtout par de belles portes en bronze du célèbre Bonanno de Pise. Mais l'intérieur est d'une magnificence merveilleuse. Seize colonnes de granit oriental divisent le temple en trois nefs; elles s'appuient sur des bases de marbre blanc et sur des socles carrés de marbre noir; leurs chapiteaux, en marbre blanc et très-ouvragés, revêtus de mosaïques à la partie supérieure, soutiennent des arceaux disposés en ogives rentrantes. Le pavé est formé de cercles de porphyre et de serpentin, d'arabesques en mosaïque et d'encadrements en marbre blanc. Des demi-coupoles terminent les trois nefs. Il n'y a point de voûtes, et des plafonds modernes en bois ont remplacé ceux qui existaient avant l'incendie de 1811. Tout le reste de l'édifice est couvert de mosaïques à fonds d'or, offrant des représentations très-variées, la figure colossale du Christ, celles d'une multitude de saints, des figures symboliques ou allégoriques, des inscriptions, et, au-dessus des sièges du roi et de l'archevêque, le roi Guillaume II recevant la couronne des mains du Christ, et le même prince offrant à la Vierge assise le plan du temple qu'il lui consacre. Les personnages portent le costume grec, et la plupart des inscriptions sont en langue et en écriture grecques. Il est probable que la décoration intérieure est due à des artistes byzantins. L'église de Monreale possède un autel d'argent richement sculpté, et, parmi ses monuments funéraires, une urne renfermant une partie des restes de notre grand roi saint Louis.

Je sortis enchanté et les yeux éblouis de l'église de Monreale, l'un des plus beaux spécimens d'un genre de décoration dont l'éclat n'a pas été aussi étranger qu'on le croyait naguère à nos contrées septentrionales. Une fête s'y préparait pour le soir; on couvrait les murailles de tentures d'or et d'argent, on suspendait aux voûtes une multitude de petits lustres. Malgré ces séductions, il fallut partir; j'avais à m'occuper des mesures nécessaires pour continuer ma route sur les côtes et dans l'intérieur de la Sicile.

De Palerme à Trapani. — Partenico. — Alcamo. — Calatafimi. — Ruines de Ségeste.

La plupart des voyageurs prennent la mer et se font débarquer dans les villes principales du littoral, à Trapani, à Girgenti, à Syracuse, à Catane, etc. Mais alors ils ne voient point les campagnes et leurs habitants. Je préférai voyager par terre, malgré l'absence ou le mauvais état des routes, malgré les difficultés de l'alimentation et la nécessité de se faire accompagner par des mercenaires. Par l'intermédiaire du chancelier du consulat de France, je conclus avec un Sicilien, nommé Luigi Randesi, un traité qu'il signa d'une croix, et qui le constituait chef de la petite caravane organisée pour le voyage. Luigi s'engageait à m'accompagner dans ma tournée, à entretenir, pendant qu'elle durerait, trois mulets, un pour moi, un pour lui, un pour les bagages et pour le muletier chargé des bêtes; à me faire coucher dans les meilleures auberges, à me donner à déjeuner le matin, à goûter dans la journée, si je le désirais, et à dîner le soir; le tout moyennant trois piastres et huit carlins par jour (près de 20 francs).

Le 11 septembre, en me levant, je trouvai à la porte (p. 007) de mon hôtel le guide Luigi, le muletier et les trois mules. On chargea, outre mon bagage, les provisions de bouche, les assiettes, les gobelets, les cuillers et les fourchettes. Luigi embrassa sa femme, son enfant, et nous nous mîmes en campagne, dans la direction de Trapani. Une peau de mouton me servait de selle, et je n'avais pour diriger ma monture qu'une corde assez rude; heureusement la route de Palerme à Trapani est carrossable, chose rare en Sicile.

Nous traversâmes de nouveau Monreale. Après cette ville, le pays, devenu montueux et aride, n'offre guère que des rochers gris ou rouges, bizarrement découpés, de sombres ravins, des arbres amaigris; ces lieux désolés, presque dépourvus d'habitants, ont de plus une réputation fort peu rassurante pour les voyageurs qui tiennent à leur vie ou à leur bourse.

Aussi, quand les montagnes s'entr'ouvrirent et nous laissèrent voir le golfe de Castellamare et la belle vallée dans laquelle il est creusé, mon guide Luigi, inquiet et tremblant depuis que nous avions rencontré plusieurs escopettes à l'entrée de l'auberge d'Urbani, commença à respirer.

«Nous sommes sauvés! s'écria-t-il, et maintenant que nous avons franchi ce pas difficile, nous pouvons compter sur un heureux voyage.»

Ces terreurs, qui se renouvelèrent souvent, étaient-elles sincères et fondées? Je n'en savais rien encore; mais elles s'accordaient avec les bruits que j'avais recueillis à Palerme. En traversant le village de Borghetto, je vis des voyageurs prudents qui s'étaient fait accompagner par des gendarmes, et à Partenico, où nous nous arrêtâmes pour passer la nuit, un brave capitaine de gendarmerie, qui logeait dans le même hôtel que moi, m'engagea de la façon la plus pressante à prendre la même précaution.

Partenico ou Paternico, quoiqu'elle renferme une assez nombreuse population, est une ville de l'apparence la plus misérable, où les cochons se promènent librement à travers les rues.

Le lendemain, malgré les instances du capitaine, notre caravane partit sans escorte.

La vallée de Castellamare me fit agréablement oublier les sombres paysages de la veille; la végétation y est d'une variété et d'une puissance prodigieuses. De temps à autre on aperçoit la mer, et l'on peut distinguer dans le lointain le petit cap appelé Muro di Carini, où s'élevait jadis la ville d'Icari détruite par Nicias, la patrie de la belle Laïs. Ce n'est pas, du reste, le type grec que cette contrée a conservé, mais le type arabe. Les environs d'Alcamo et Alcamo même, ville de 16 000 âmes, rappellent tout à fait l'Afrique par la disposition des habitations, par les traits, le teint, les allures des hommes, des femmes et des enfants. Cette petite cité n'est qu'une grande rue bordée d'églises et de couvents qu'entourent de vieilles fortifications. Ses habitants ont à tort ou à raison la réputation de coupeurs de bourse.

J'ai trouvé au delà d'Alcamo la route fermée par une chaîne et gardée par un agent du gouvernement, qui perçoit l'impôt du passage. Il en est de même pour tous les grands chemins de la Sicile, qui, sous le rapport des moyens de communication, en est restée au moyen âge.

On voyage pendant quelque temps dans une allée bordée d'amandiers, de caroubiers et d'oliviers, rafraîchie de place en place par des sources dont on a réuni les eaux dans des abreuvoirs à l'usage des mulets; puis on rentre dans les montagnes; les arbres disparaissent, une herbe jaunie ou les cendres noires de pailles incendiées pour servir d'engrais couvrent le sol, le fiume Freddo est complétement à sec, et ce n'est qu'en arrivant à Calatafimi qu'on revoit la verdure, les vignes et les arbres fruitiers.

À peu de distance de Calatafimi, au nord, sur une colline appelée Barbara, s'élevait jadis la ville d'Egesta ou Segesta. La tradition en attribue la fondation à Énée; il n'en reste plus qu'un temple, un théâtre et quelques débris informes.

À peine arrivé à Calatafimi, je me fis conduire aux ruines par un guide indigène. Un étroit sentier, pratiqué à travers un pays accidenté, souvent envahi par les vignes et les ronces, quelquefois bordé par une muraille de cactus, mène à une sorte de promontoire isolé, sur lequel se dresse majestueusement le temple de Ségeste.

Ce temple, d'ordre dorique, a la forme d'un parallélogramme de soixante mètres de long sur vingt-quatre de large; son enceinte se compose de trente-six colonnes (six sur chacun des petits côtés), inégalement espacées; à l'intérieur, l'herbe y pousse sans obstacle, et les troupeaux viennent brouter à l'ombre des colonnes. Dans cet état, le temple de Ségeste produit un effet des plus imposants. Cette ruine colossale, solitaire, silencieuse, ces montagnes nues et sans arbres qui l'entourent et la dominent, ces colonnes rougeâtres et à demi rongées par le temps, ce ciel d'un azur profond, ce soleil qui verse sur toute la nature des flots d'une lumière éblouissante, ont une harmonie dont la puissance saisit et laisse un éternel souvenir d'admiration.

Le soir est venu; il faut rentrer à Calatafimi. Cette ville, de plus de 8 000 habitants, est la seule, avec Sperlinga, où les Français aient été épargnés lors du massacre des Vêpres siciliennes. À l'auberge, le brigadier de gendarmerie m'a conté tant de fâcheuses aventures arrivées récemment aux voyageurs dans les environs, que je me suis décidé à prendre une escorte.

Aucun brigand du reste n'a paru; nous avons laissé nos gendarmes aux Canalotti, et nous avons continué paisiblement notre route jusqu'à Trapani, dont nous avons franchi les ponts-levis par une pluie battante.

Trapani. — La sépulture du couvent des capucins. — Le mont Éryx.

C'est à Trapani (Drepanon, faux, faucille), que Virgile fait mourir Anchise. La population s'élève actuellement à près de 25 000 âmes. Le port est commode et assez fréquenté. Des statues ornent les quais. Une grande rue, pavée, comme toutes les autres, de dalles glissantes, (p. 008) traverse la ville presque en entier; c'est sur cette rue que donnent le palais sénatorial, la quadreria ou musée de tableaux, qui renferme des toiles du Dominiquin, de Luca Giordano, de Carlo Maratta, etc., les cafés les plus élégants, c'est-à-dire les plus propres et les moins sombres, elles principales boutiques, celles entre autres où se vendent de petits ouvrages de nacre, d'ambre et de corail, produits de l'industrie locale. La population, fort laborieuse, se livre à la pêche du thon, à la fabrication du sel et au commerce de la soude et du vin.

Vue de Syracuse (voy. p. 13). — Dessin de Rouargue.

Trapani possède, comme Palerme, un couvent de capucins où les cadavres sont conservés à l'air libre. Il est situé hors des murailles; j'y étais entré, trouvant toutes les portes ouvertes. Un frère, après m'avoir montré l'église, les ornements des moines et les reliques, me conduisit dans une salle où je distinguai, aux derniers rayons du soleil, toute une population immobile et muette d'hommes et de femmes diversement vêtus, dont les mains crispées, les visages desséchés, grimaçants, à demi rongés par les vers, portent l'empreinte horrible de la mort, et inspirent, non pas le respect, mais le dégoût. Au-dessus de chaque personnage, une inscription en papier indique le nom qu'il a porté pendant sa vie. Le frère m'expliqua comment on conservait ces restes humains; il m'apprit que chaque année, le jour des morts, les parents, les amis étaient admis à les voir, à assister à la messe et à entendre le sermon dans la chambre sépulcrale.

Aucun voyageur ne peut passer à Trapani sans visiter le mont Éryx, qui s'élève à peu de distance de la ville. Je gravis donc sur une mule les sentiers sinueux de la montagne. Un temple consacré à Vénus occupait autrefois le sommet; il était entretenu et gardé aux frais de dix-sept villes siciliennes, et mille prêtresses y servaient la déesse. Un grand puits, appelé Pozzo di Venere, deux grottes, une muraille de construction cyclopéenne, sont les seuls restes antiques que le mont Éryx ait conservés. La petite ville moderne qui y est bâtie s'appelle San Giuliano. Elle se compose de quelques rues étroites, en pente rapide, bordées de pauvres maisons, où l'on ne rencontre guère que des prêtres, des moines et quelques femmes cachées dans leur mante, longue pièce de laine ou de soie noire qui enveloppe la tête et le corps et forme le vêtement favori des Siciliennes.

De Trapani à Girgenti. — La Lettica. — Castelvetrano. — Ruines de Sélinonte. — Sciacca.

On se rend à Agrigente par le chemin des côtes ou par Castelvetrano, ce qui est moins long d'une journée. Deux Siciliens, logés comme moi à la locanda dell' Italia, m'ont engagé à prendre la route de Castelvetrano, en m'offrant jusqu'à cette ville le bénéfice de leur compagnie.

Taormine et l'Etna (voy. p. 14 et 15). — Dessin de Rouargue.

Notre petite troupe se met en campagne, ayant (p. 010) outre les précédents moyens de transport et de nouveaux mulets, une lettica, c'est-à-dire une voiture sans roues, portée par deux mules à l'avant et à l'arrière, et pouvant contenir deux voyageurs en face l'un de l'autre. Une troisième mule ouvre la marche et porte les bagages et le conducteur. Un muletier, à pied, armé d'un long bâton, dirige les bêtes et les anime de ses cris. Cette singulière voiture, dont on trouve des représentations dans des manuscrits français du quatorzième siècle, marche, comme on le pense bien, fort lentement; elle a de plus l'inconvénient de se pencher dans sa longueur suivant les accidents du terrain, et les sonnettes pendues au cou des bêtes font un bruit assourdissant.

La route n'a guère d'intérêt jusqu'à Castelvetrano, ville bâtie sur un rocher, à six kilomètres de la mer, et moins peuplée, mais plus étendue que Trapani.

Avant d'arriver aux ruines de l'antique Sélinonte, les plus importantes de la Sicile, avec celles de Ségeste, d'Agrigente, de Syracuse et de Taormine, je vais visiter en société de M. l'abbé Viviano, antiquaire instruit et obligeant, la, carrière d'où ont été tirées les colonnes des temples de Sélinonte. On y trouve de nombreux tronçons de colonnes; ils ont plus de 3 mètres de diamètre. Les uns tiennent encore à la roche, dont ils ne sont séparés que dans leur hauteur, d'autres sont isolés et renversés sur le côté; d'autres, qu'on avait commencé à rouler vers Sélinonte, située à plus de 8 kilomètres, gisent à quelque distance de la carrière.

Sélinonte, dévastée deux fois par les années de Carthage, ne s'est point relevée. Sur une colline, qu'occupait jadis l'Acropole, on voit des restes de murailles, de portes, d'amphithéâtres, d'escaliers descendant à la mer qui a encombré le port d'un sable mouvant, de tombeaux et de temples, portant encore la trace d'antiques peintures. Sur un plateau, séparé de l'Acropole par le fleuve Belici, il y avait trois temples disposés sur des lignes parallèles à peu de distance l'un de l'autre; ils sont aujourd'hui écroulés, mais quelques colonnes restées debout, des métopes retrouvées sur le sol, attestent leur ancienne magnificence. Le plus grand, long de 111 mètres, large de 49, avec 17 colonnes de côté et 8-6 de face, est un des plus vastes de l'antiquité grecque; il mérite bien le nom de Pilieri dei Giganti que les paysans donnent aux temples de Sélinonte. La plage est désolée par la mal'aria; une tour, connue sous le nom de Torre de' Pulci, et de misérables cabanes, sont les seuls réduits qu'osent occuper quelques paysans pâles et amaigris.

Mes compagnons me quittèrent au pont du Belici, et je continuai mon chemin dans la direction de Sciacca, tantôt dans les montagnes, tantôt sur le bord de la mer, quelquefois à travers des cantons couverts de vignes, de chênes verts, de sumacs, d'amandiers, d'oliviers, de pistachiers et de caroubiers.

Sciacca s'élève sur une éminence abondante en sources thermales sulfureuses qui domine le port, à la place qu'occupaient les Thermæ Selinontinæ, la patrie d'Agathocle. On y fabrique des vases d'une terre légère et poreuse qui rafraîchissent les liquides, comme les alcarazas espagnols.

Je franchis en une journée la distance de 42 milles qui sépare Sciacca de Girgenti, en m'arrêtant seulement pour le repas dans le pauvre village de Montallegro. On chemine tour à tour sur le sable ou sur les galets de la plage, et dans des pays déserts, ou des montagnes gypseuses et arides. Mais la mer, que l'on a souvent sous les yeux, est toujours belle, le ciel toujours splendide; de temps en temps on rencontre des rizières à demi inondées, de vastes et verdoyants pâturages, des ruisseaux bordés de lauriers-roses, ou, comme disent les Italiens, des fiumi, le Calata-Belotta, le Platani, et un lac qui porte le nom de Gurgo di Marco.

Au coucher du soleil, nous parvînmes au môle de Girgenti, et, une heure après, nous entrâmes dans la ville même.

Girgenti (Agrigente).

L'emplacement qu'occupe Girgenti n'est pas tout à fait celui où se trouvait jadis Agrigente. La ville antique, fondée 582 ans avant Jésus-Christ, et dont le nom grec Acragas est celui de l'un des deux cours d'eau qui baignent son territoire, était bâtie sur un point moins élevé et plus rapproché de la mer. La cité moderne, où l'on compte 18 000 habitants, est sale, mal bâtie et mal pavée; une rue qui la traverse irrégulièrement dans toute sa longueur est seule abordable en voiture; les autres rues ne sont que des chemins étroits et boueux. Les femmes que l'on rencontre dans les rues (et il faut dire que l'aristocratie ne sort pas ou ne sort guère qu'en voiture), sont mal vêtues: aucune ne m'a paru jolie. Elles laissent leurs cheveux en liberté, après les avoir coupés assez près de la tête, et cette crinière touffue et inculte n'a rien de charmant. Leur peau brune et cuivrée se flétrit avant l'âge. Elles portent des mantes comme dans le reste de la Sicile; le plus souvent ces mantes sont courtes et de couleur blanche.

La population de Girgenti se compose en grande partie de propriétaires de terres, de fermiers et de journaliers. Les Agrigentins mènent une vie retirée, priant beaucoup, dépensant peu et n'apprenant rien. Leur ignorance est proverbiale.

Girgenti possède 46 églises, 15 monastères et 17 confréries.

La cathédrale, placée sur un sommet, passe pour avoir été construite avec les pierres d'un temple de Minerve. J'y remarquai deux toiles attribuées au Guide, un tombeau antique sans inscription ni sculptures, un éléphant en marbre blanc, haut de soixante-cinq centimètres, et un très-beau sarcophage servant aujourd'hui de baptistère, et sur lequel est représenté le drame de la mort d'Hippolyte.

Les restes de l'antique Agrigente sont épars dans la campagne. Je dus, pour les visiter, me faire accompagner par un guide pris dans la ville. Nous descendîmes par un joli chemin bordé d'oliviers et d'amandiers; nous traversâmes des champs fertiles, et après une demi-heure de marche, nous étions au milieu des tombeaux et des temples.

(p. 011) Le temple de Junon Lucine repose sur une roche élevée; des 34 colonnes cannelées d'ordre dorique qui l'entouraient, quelques-unes seulement subsistent, plus ou moins complètes. Dans le rocher sont creusées des chambres sépulcrales dont les habitants se servent pour serrer leurs récoltes.

À quatre cents pas environ, s'élève le temple dit de la Concorde, un des mieux conservés que possède la Sicile Au moyen âge, on en avait fait une chapelle chrétienne et on l'avait dédié à saint Grégoire; ce n'est qu'à la fin du dernier siècle qu'on l'a rendu sans partage au culte des arts. C'est un monument admirable par l'élégance et la noblesse de ses proportions (voy. p. 5).

On rencontre, en allant d'un temple à l'autre, des fragments plus ou moins considérables des murailles d'Agrigente; des tombeaux ont été creusés dans leur masse calcaire, à différentes hauteurs, et ordinairement en forme de bouche de four.

Le temple d'Hercule que l'on voit à la suite de celui de la Concorde n'est plus qu'un amas de ruines; une seule colonne est restée debout.

À quelques pas s'élevait le temple de Jupiter Olympien, qui, suivant Diodore, était le plus grand de la Sicile. Il ne fut jamais achevé. Des pans de murailles, des pierres colossales, des fragments de colonnes dont les cannelures peuvent contenir le corps d'un homme, des morceaux de figures dont la hauteur devait être d'au moins 12 mètres, permettent de juger encore aujourd'hui des dimensions de l'édifice.

Je signalerai enfin le temple de Castor et Pollux, dont il reste trois colonnes, et, en dehors des murailles, au sud, l'édifice carré à deux étages, qui a reçu le nom de Tombeau de Théron.

De Girgenti à Castrogiovanni. — Caltanizzetta. — Castrogiovanni. — Le lac Pergusa et l'enlèvement de Proserpine.

Le 22 septembre, au lever du soleil, je quittai Girgenti, dont les abords, embellis par la verdure variée des cactus, des grenadiers, des oliviers, des amandiers, fourmillaient de gens des campagnes qui se rendaient à la ville, les uns à pied, les autres sur des mulets portant de volumineux pains de soufre, les autres dans de petites voitures découvertes et ornées de peintures aux couleurs brillantes.

Au delà du village delle Grotte, cette fraîcheur et cette vie disparaissent; on s'engage dans un pays montueux et aride, dont la principale industrie est l'exploitation des mines de sel et de soufre.

Après avoir déjeuné dans un fondaco assez malpropre de la petite ville de Regalmuto, nous traversons sans encombre Canicatti, dont on m'avait représenté la population comme fort adonnée au brigandage, et nous arrivons à Serra di Falco, où je reçois un témoignage de ces vertus hospitalières dont l'antiquité faisait honneur aux Siciliens.

Nous voici à Caltanizzetta. C'est une ville de 17 000 habitants; on croit qu'elle occupe l'emplacement de l'antique Niza. Elle a été en partie renouvelée à la suite du désastre que les troupes insurrectionnelles de Palerme lui firent éprouver, en 1820, pour avoir refusé de prendre part au mouvement tenté en faveur de l'indépendance de la Sicile. On retrouve dans ses églises les images sanglantes du Christ et des damnés entourés de flammes que les Siciliens affectionnent particulièrement. Caltanizzetta possède des eaux minérales, et ses habitants font un assez grand commerce de sel et de soufre. Son territoire est abondant en vin, grains, huiles, amandes et pistaches. Une route carossable de quatorze milles d'étendue part de Caltanizzetta et va rejoindre celle qui unit Palerme à Messine.

On aperçoit longtemps Castrogiovanni avant de pouvoir y parvenir; il faut franchir bien des montagnes, traverser de nombreux ruisseaux, avant de gravir la route en zigzag qui conduit au sommet dans lequel s'enfonce cette ville, l'antique Enna, le point central, l'ombilic de la Sicile, comme disaient les anciens. Sa population, qui est de plus de 13 000 âmes, a un aspect assez misérable. Les cochons et les poules vaguent à travers les rues. Les mendiants, hommes et femmes, sont à peine vêtus. Le costume des gens aisés a quelque caractère: les hommes portent la culotte courte et les chausses attachées avec des courroies de cuir; les femmes se couvrent, soit de la grande mante noire qui ne laisse voir que leur visage, soit de la mantille noire ou brune.

La cathédrale, en partie gothique, en partie construite à l'époque de la Renaissance, est soutenue à l'intérieur par des colonnes d'albâtre noirâtre très-artistement ornées. On y remarque un candélabre antique en marbre blanc, venu, dit-on, du temple de Cérès, une inscription mentionnant le martyr Primus, de très-belles stalles en bois du seizième siècle, un Christ de Cimabuë, et des tableaux du Fiammingo.

C'est aux environs d'Enna, sur les rives du lac Pergus, aujourd'hui Pergusa, que le dieu des enfers enleva la fille de Cérès. Les paysans montrent une grotte qui, disent-ils, est l'ouverture infernale, d'où Pluton s'élança sur la terre pour surprendre la jeune déesse.

De Castrogiovanni à Syracuse. — Calatagirone. — Vezzini.

Après avoir fait le tour du lac Pergusa, je repris le chemin qui, par Piazza et Calatagirone, devait me conduire à Syracuse.

Piazza était appelée dans l'antiquité Plutea ou Plutia, à raison de la richesse de son terroir. Ses habitants passent pour les descendants des Français qui y séjournèrent lors de la domination angevine. Ses campagnes, surtout du côté de Calatagirone, méritent encore aujourd'hui l'épithète d'opulentissimes qu'elles avaient reçue des anciens. Les monts et les vallons que l'on traverse sont tapissés d'herbe verdoyante, garnis de vignes, de roseaux, d'arbres du nord et du midi; la route, bordée par de grands chênes qui forment au-dessus d'elle une voûte ombreuse, rafraîchie par de petits ruisseaux qui, de place en place, descendent des sommets, est une des plus délicieuses que j'aie vues. Au delà du village de Maccare, où j'ai eu grand'peine à trouver à (p. 013) déjeuner dans la salle d'un fondaco formant à la fois chambre à coucher, salle à manger, cave, etc., j'ai retrouvé les grottes sépulcrales creusées dans les rochers.

La Marine à Messine (voy. p. 15). — Dessin de Rouargue.

Calatagirone, située sur une hauteur conique, est peuplée de 22 000 habitants. J'ai vu dans ses églises des tableaux du Sicilien Nebrone, des fresques et des toiles de Paladino, une belle vierge de Gagini, etc.

Les vignes, fort abondantes jusqu'à Ramecchiere, disparaissent; on traverse un pays volcanique, au milieu duquel se dresse, sur un rocher escarpé, la ville de Vizzini, qui n'est accessible que par des sentiers étroits, péniblement pratiqués auprès des ravins, et où le voyageur se procure difficilement un gîte. Cependant elle renferme 12 000 habitants, et j'ai remarqué dans ses églises de beaux tableaux, entre autres quelques-uns du Tintoret et de Paladino.

Au delà, en cheminant vers Sortino, par Bocchieri, l'aspect du pays devient de plus en plus sombre.

Un petit bois, poussé, je ne sais comment, sur les crêtes et les rochers, annonce l'approche de Sortino, bourg misérable, élevé lui-même sur un sommet qui semble inaccessible. J'y parvins cependant, après avoir guidé de mon mieux ma mule dans un chemin glissant, taillé en forme d'escalier et contourné de mille manières.

Rocher de Scylla (voy. p. 16). — Dessin de Rouargue.

Lorsque je fus installé dans une pauvre locanda, il me fallut subir la curiosité qui m'avait accueilli dans toutes les petites localités de la Sicile; la porte et la fenêtre de ma chambre ne faisaient qu'une seule et même chose; je me vis obligé de m'emprisonner pour échapper aux regards de la foule indiscrète. Mais je n'en fus point encore quitte, et un petit guichet, pratiqué à plus de six pieds au-dessus du sol, servit d'observatoire aux enfants, montés les uns sur les autres pour contempler ma rare personne.

Les rives de l'Anapo, que nous suivîmes en allant à Syracuse, sont délicieuses de verdure et de fraîcheur.

Syracuse.

Mais voici que la mer se montre dans le lointain, et on aperçoit assise sur une langue de terre qui s'avance dans les flots, une ville que le guide appelle Syracuse. — Eh! quoi, se demande-t-on en pénétrant par plusieurs ponts-levis dans une petite place de guerre isolée du continent et entourée de fortifications à la moderne, est-ce bien la Syracuse? Qu'est devenu cette cité puissante qui s'étendait jadis sur un espace de sept lieues de tour, que Cicéron vante comme la plus grande des villes grecques et la plus belle de toutes les villes? Hélas! la majeure partie de la Syracuse antique n'est plus qu'un sol désert et couvert de débris; le reste, resserré dans l'île d'Otygie, est un modeste chef-lieu de sous-intendance, où une population de 17 000 habitants semble se complaire dans un état de misère apathique.

La piété ignorante et grossière des modernes Syracusains (p. 014) ne mérite que le nom d'idolâtrie. Ils ont des madones d'argent qu'ils couvrent de pierres précieuses et de diamants, et qu'ils mènent en grande pompe et au milieu d'un bruit étourdissant, visiter d'autres madones. Leurs passions, quand elles sont éveillées et quand la terreur les met en jeu, deviennent, comme on l'a vu en 1837, furieuses et sanguinaires.

Les femmes de la classe aisée ont peu de liberté; elles sortent rarement, et ne paraissent point dans les rues sans cacher, sous les plis de leurs mantes noires, des visages où l'on retrouve quelques traces de la beauté grecque. Quant aux femmes du peuple, qu'on voit occupées à laver le linge dans les eaux de la fontaine Aréthuse, leur teint hâlé et flétri, leurs corps à demi couverts de vêtements en guenilles, ne font naître et ne rappellent aucun sentiment poétique.

La cathédrale, située au point culminant de l'île, a pris la place du temple de Minerve, qu'ornaient jadis des peintures de batailles et des portraits de rois syracusains, et dont le fronton était surmonté d'un bouclier doré. Parmi les colonnes antiques que l'on a conservées, onze sont restées en partie engagées dans les murs latéraux du nouvel édifice, les autres coupent en deux la troisième nef. La façade est bien ordonnée; on remarque à l'intérieur quelques tableaux précieux, et un beau vase antique en marbre blanc qui sert de fonts baptismaux.

Deux colonnes cannelées, engagées dans le mur d'une maison près de la cathédrale, ont fait partie d'un temple de Diane, où Archimède traça la ligne des Équinoxes.

Le musée renferme des poteries antiques, des vases et instruments de bronze, quelques inscriptions, une tête de Jupiter olympien, une statue d'Esculape et une figure, malheureusement mutilée de Vénus, qui passe avec raison pour une des bonnes productions du ciseau grec.

Le sol de Syracuse a été beaucoup moins favorisé que celui d'Agrigente, quant à la conservation des monuments de l'antiquité. Cependant de précieux et imposants débris s'y offrent encore à la vénération du voyageur: il faudrait un long espace pour les décrire.

De Syracuse à Catane. — Lentini. — Catane.

De Syracuse à Catane, on rencontre les ruines d'Hybla-Mégara, les monts Hybléens, jadis célèbres par l'excellente qualité de leur miel, la presqu'île de Magnisi, la ville d'Agosta, celle de Mellili, où l'on cultivait autrefois avec succès la canne à sucre, et Carlentini, petite ville d'où l'on voit le lac de Lentini, le plus étendu de toute l'île.

La ville de Lentini (Leontium), située sur des escarpements, passe pour la plus ancienne de la Sicile. Sa population est d'environ 7 000 habitants. Les grottes sépulcrales y sont très-communes. On récolte à Lentini du blé, de la soude, du réglisse, et l'on y fait d'excellent vin.

Après le passage du fiume della Giarretta, l'ancien Simèthe, dont le lit, à l'embouchure, abonde en ambre jaune, on se trouve dans une plaine immense que la mer borde d'un côté, et que dominent de l'autre les cônes des monti Rossi et de l'Etna.

C'est entre le volcan et les flots que s'élève Catane.

Le voisinage de l'Etna a été plusieurs fois funeste à cette ville. Le tremblement de terre de 1693 a fait périr 18 000 individus; ceux de 1783 et de 1828 ont ruiné les habitations et les édifices publics. Aussi Catane est-elle d'une régularité parfaite. Elle est coupée en quatre parties égales par des rues disposées en croix et pavées de grandes dalles de lave; ses places sont spacieuses, ses maisons bien bâties, et, dans les principales voies, sur des plans uniformes.

La population est de 56 000 âmes. Le port est peu étendu; une petite rivière, l'Amenano, venant de l'Etna, et passant sous la ville par des conduits de lave, s'y jette dans la mer. On fabrique à Catane des étoffes de soie estimées, de petits objets en ambre jaune, et de jolies figurines en argile cuite et peinte; les habitants font un assez grand commerce de laine, de cuir, de blé, de soufre, de vin, qui est excellent, et de neige de l'Etna, dont ils approvisionnent Naples et même l'Italie.

À Catane, comme dans la plupart des villes de la Sicile, la vie est généralement retirée; on se visite peu, et l'on ne se réunit guère. Les grandes distractions sont la promenade du soir, la passegiata, qui se fait sur le quai deux fois la semaine, vers neuf heures, et dure quelquefois jusqu'à minuit; les prises d'habits, pour lesquelles on prodigue le luxe et les collations, et les processions, surtout celle de sainte Agathe, patronne de la ville, qui sont encore plus bruyantes qu'à Palerme.

Les femmes portent de grands voiles blancs et brodés, rouges ou ponceau, et parfois relevés par un galon d'or. La mante des paysannes des environs, en laine ou en drap bleu, est assez courte, et leur sert de coussin, étant pliée, pour porter les fardeaux sur la tête. Les marins, contrairement à ce qu'on voit d'ordinaire, ont des ceintures et des bonnets bleu azur.

La cathédrale de Catane, dédiée à sainte Agathe, est surmontée de trois coupoles. Sur la place, dont elle borne un des côtés, on remarque une fontaine de marbre, que couronne un antique éléphant de lave portant sur son dos un obélisque en granit rouge d'Égypte.

Le musée du prince de Biscari renferme de nombreux objets d'antiquité, des statues, des poids, des lampes, des mosaïques, des vases gréco-siciliens, des armures du moyen âge, des costumes siciliens de différentes époques, etc.

Ascension de l'Etna.

Quand je partis pour monter l'Etna, le temps, quoique l'on fût au 5 octobre, était encore très-chaud. La belle rue Stesicorea ou Etnea conduit de suite à la regione piemontana dont les pentes modérées forment la première des trois régions de la montagne; c'est un véritable jardin. Après avoir traversé plusieurs villages, je parvins à Nicolosi, bourg de près de 3 000 âmes de population, élevé sur le versant de l'Etna, à près de quatre lieues de Catane, et qui touche le pied des monti Rossi, cônes formés par l'éruption de 1669. J'y installai pour la nuit Luigi, le muletier et les mulets. Puis, muni de vêtements (p. 015) chauds, vers huit heures du soir je me mis en route, accompagné du guide Salvatore.

Nous suivîmes d'abord un chemin pratiqué sur le courant d'un fleuve de laves scoriacées, et nous arrivâmes bientôt à la seconde région, regione selvosa, ou région des bois. Sauf aux endroits que des coulées modernes ont recouverts, le sol, formé d'une terre poudreuse et grisâtre, est peuplé de chênes, de hêtres, de figuiers noirs, de pruniers sauvages, et dans les parties les plus élevées, de sapins, de pins et de bouleaux; des touffes de mousses, des fougères, des mauves, des orchys, des fraxinelles, croissent dans cette poussière féconde.

Nous prîmes un peu de repos dans une cabane où s'arrêtent les gens de Catane qui vont chercher la glace.

Le froid commençait à me pénétrer; Salvatore fit un peu de feu, je me couvris d'un second manteau, et nous repartîmes pour finir la traversée de la région des bois.

Tout à coup la végétation cessa, et je me trouvai au milieu d'un désert silencieux et sombre, où l'on n'entendait que le pas mesuré de nos mulets, où l'on ne distinguait, à la lueur de la lune, que les flancs pelés et les rudes arêtes de la montagne. Il fallut gravir alors un dôme de scories, appelé la Montagnuola, du sommet duquel partent deux bras ouverts du côté de la mer, et circonscrivant une vallée de six à sept kilomètres de diamètre qu'on nomme val del Bove. Cette gibbosité se termine par le piano del Lago, surface presque plane, où se trouvent la torre del Filosofo (à 2885 mètres audessus du niveau de la mer) et la Casa inglese. La tour du Philosophe, construction grecque ou romaine, se compose de quelques assises de laves et de briques.

C'est à la Maison anglaise, construite en 1811 par les officiers anglais, que nous fîmes notre seconde halte et que nous laissâmes nos montures, le reste de l'ascension ne pouvant se faire qu'à pied. Un peu de repos et de nourriture ayant rendu du ressort à mes membres et de la chaleur à mon sang, nous gagnâmes, sur une coulée de laves raboteuses et mobiles, le pied du cône supérieur du volcan, annexe éphémère que chaque éruption modifie, élève ou renverse tour à tour. De ce point restaient environ cent mètres à gravir, sur une pente très-rapide; je n'insisterai pas sur les difficultés, les fatigues, les dangers même de ce trajet, dont je vins à bout à grand'peine; enfin je pus m'asseoir harassé, les jambes déchirées, mais fier comme un vainqueur, sur un point du cercle solide qui termine l'Etna. Le soleil se levait. J'avais à côté de moi la fumée sortant du cratère, derrière une effroyable profondeur et les flancs noirs de la montagne, en avant l'horreur du chemin que je venais de parcourir et les immensités de la mer et du ciel.

Le panorama de tous côtés n'a de bornes que la portée de la vue; on estime à plus de 2 000 milles la circonférence de l'horizon que l'œil peut embrasser. La mer et ses îles occupent la plus grande partie de la scène; la Sicile, au centre, présente aux regards sa surface triangulaire. On distingue le lac de Lentini, le cours du Simèthe, les montagnes de Madonia, Catane, Messine, Trapani et Palerme à demi cachée dans le brouillard. L'Etna lui-même paraît comme un monde; ses pentes verdoyantes, les villages dont il est semé à la base, ses crêtes arides, ses anfractuosités profondes, sa fumée, tout est visible; les tons les plus variés, les contrastes les plus bizarres, excitent à la fois l'intérêt et l'admiration.

J'approchai le plus possible des bords intérieurs du cône renversé au fond duquel est la bouche du volcan. Mais les vapeurs étaient trop épaisses pour qu'on aperçût rien.

La descente de l'Etna n'est qu'un jeu, en comparaison de la montée. Vers midi, j'étais dans l'auberge de Nicolosi, où je retrouvai Luigi et le muletier. Le soir nous couchâmes au village des Giarre.

Taormine. — Messine. — Retour à Naples.

Au delà des Giarre, le chemin suit constamment le bord de la mer. On traverse le fleuve di Calatabiano; puis on quitte les terrains volcaniques dont l'Etna est tout entouré, et l'on parvient à Giardini, village moderne situé au pied du mont Taurus, sur le penchant duquel est assise l'antique Taormine (Tauromenium), détruite par les tremblements de terre, et qui n'a plus qu'une population misérable de 3 000 habitants. Il lui reste ses ruines: des aqueducs, des réservoirs, des naumachies, des tombeaux, des temples même, et les vestiges d'un théâtre, l'un des plus beaux de l'antiquité. Le théâtre est situé hors des murs fortifiés de la ville moderne, sur l'extrémité d'une éminence, et creusé en partie dans la roche vive. Il pouvait contenir 25 000 personnes. Tout dégradé qu'il est maintenant, il produit un effet saisissant. De ses gradins, on jouit d'une vue admirable: la mer azurée et les gracieuses découpures de ses côtes, les plaines verdoyantes et parsemées de villages qui s'allongent jusqu'aux flots, Giardini et Taormine dressant au pied et sur les flancs du Taurus leurs maisons, leurs églises et leurs vieilles tours, et au-dessus, dominant tout, la masse gigantesque de l'Etna! (voy. p. 9).

De Taormine à Messine, la route traverse des campagnes fertiles où les villages abondent, et côtoie fréquemment la mer.

À une certaine distance de Messine, la vie d'une grande ville se fait déjà sentir.

Disposée en amphithéâtre sur la côte qu'un étroit bras de mer sépare de l'Italie, construite à neuf, peuplée de près de 100 000 habitants, Messine paraît être un agréable séjour.

Deux grandes rues parallèle au quai, le Corso et la via Ferdinanda, la partagent d'une manière régulière. Le port, vaste, sûr et commode, est le plus fréquenté de toute la Sicile; une citadelle et plusieurs autres ouvrages fortifiés sont destinés à le protéger. Le quai, orné de statues et entre autres d'une figure de Neptune, est bordé d'édifices d'une construction élégante, mais inachevés.

La façade de la cathédrale, en marbres de diverses couleurs, est percée de trois portes ogivales, et ornée de bas-reliefs, de mosaïques, de colonnes très-ouvragées, de (p. 016) pinacles, de statuettes et de peintures; malheureusement elle est gâtée par un mur moderne qui la surmonte, et par un clocher de mauvais goût qui l'avoisine à gauche. À l'intérieur, des colonnes antiques, avec des bases et des chapiteaux dorés, divisent l'édifice en trois nefs et soutiennent des plafonds en bois. Les mosaïques qui couvrent les demi-coupoles des absides et qui datent du quatorzième siècle, une chaire en marbre sculptée avec beaucoup d'élégance par Antonio Gagini, le maître autel, incrusté de pierres dures, et plusieurs mausolées intéressants, forment les principales richesses de la cathédrale de Messine. On y conserve aussi une boucle de cheveux qu'on dit avoir appartenu à la Vierge Marie, et une traduction en latin de la fameuse lettre qu'elle passe pour avoir écrite aux Messinois, et dont j'ai signalé une copie à Palerme (voy. p. 5).

La place, entourée d'édifices réguliers, est ornée d'une statue équestre de Charles II en bronze, et d'une fontaine agréablement disposée et sculptée, en 1547, par fra Giovanni Angelo, de Florence.

Stromboli. — Dessin de Rouargue.

On célèbre à Messine, au 15 août, la fête de la Vara, où les processions, les chars gigantesques, les représentations mélangées de la Vierge, des saints, des divinités païennes, des princes sarrasins et normands, les illuminations, font la joie du peuple. La fête de la Sagra Lettera, le 5 juin, est aussi fort en honneur.

Les Messinois passent pour être en général assez ignorants; la pêche, et surtout la pêche de l'espadon, est une de leurs industries favorites. L'ambition de la suprématie, qu'ils contestent à Palerme, a excité chez eux une haine vivace envers les Palermitains.

Cependant le temps fixé pour mon séjour en Sicile était écoulé. Après m'être séparé très-amicalement de mon guide et de mon muletier, je pris place sur un bateau à vapeur qui devait me ramener à Naples. Notre navire, forcé une première fois par la tempête de rentrer dans le port de Messine, passa enfin sans accident entre le gouffre bouillonnant de Charybde et le redoutable rocher de Scylla; nous laissâmes à gauche les îles Lipari, dont la principale, Stromboli, s'annonce au loin par les flammes ou les fumées de son volcan, et nous entrâmes le matin du 13 octobre dans la magnifique rade de Naples.

Félix Bourquelot.

GRAVURES.

- Dessinateurs.

- Chapelle de Sainte-Rosalie (près Palerme). Rouargue.
- Types et costumes siciliens.Rouargue.
- Ruines à Girgenti (Agrigente). Rouargue.
- Vue de Syracuse.Rouargue.
- Taormine et l'Etna.Rouargue.
- La Marine à Messine.Rouargue.
- Rocher de Scylla.Rouargue.
- Stromboli.Rouargue.
- Pigeonnier près d'Ispahan. Jules Laurens.
- Pont d'Allah-Verdi-Khan sur le Zend-è-Roud, à Ispahan. Jules Laurens.
- Collége de la Mère du roi, à Ispahan. Jules Laurens.
- Une peinture indienne dans le palais des Quarante-Colonnes, à Ispahan. Jules Laurens.
- Entrée de Kaschan. Jules Laurens.
- Une caravane persane au repos. Jules Laurens.
- Types persans. Jules Laurens.
- Faubourg de Téhéran. Jules Laurens.
- La porte de Schah-Abdoulazim. Jules Laurens.
- Dans une cour, à Téhéran. Jules Laurens.
- Types et portraits persans. Jules Laurens.
- Groupe de Persans. Jules Laurens.
- Dans l'Enderoun (appartement intérieur — Costumes d'intérieur et de sortie). Jules Laurens.
- Choix d'armes, d'instruments et objets divers persans. Jules Laurens.
- Le Démavend. Jules Laurens.
- Vue de l'île Saint-Thomas. de Bérard.
- Saint-Pierre, à la Martinique. de Bérard.
- Cataracte de Weinachts (Guyane anglaise). de Bérard.
- Une sucrerie à la Guadeloupe. de Bérard.

- La Pointe-à-Pître, à la Guadeloupe. de Bérard.
- Le port d'Espagne, à la Trinidad. de Bérard.
- La baie de Panama. de Bérard.
- Vue des Bermudes. de Bérard.
- Costumes norvégiens d'Hitterdal. Pelcoq.
- La vallée de Bolkesjö. Doré.
- Costumes du Télémark. Pelcoq.
- La vallée de Vestfjordal. Doré.
- Intérieur d'auberge à Bolkesjö. Lancelot.
- Église d'Hitterdal. Wormser.
- Le Rjukandfoss. Doré.
- Un chalet à Bamble. Lancelot.
- Vue du lac Bandak. Doré.
- Le lac Flatdal. Doré.
- Fjord de Gudvangen. Doré.
- Église de Bakke. Doré.
- Route de Stalheim. Doré.
- Le Vöringfoss. Doré.
- Vallée de l'Heimdal. Doré.
- Femme du Sogn. Pelcoq.
- Une noce en Norvége. Pelcoq.
- Le marché aux grains (Suez). Karl Girardet.
- Port de Suez. Karl Girardet.
- Cimetière européen à Suez. Karl Girardet.
- Qosséir. Karl Girardet.
- Djeddah. Karl Girardet.
- Port de Souakin. Karl Girardet.
- Mosquée de Salonique. Karl Girardet.
- Femmes albanaises, près d'un arabas, à Vasilika. Villevieille.
- Un Juif de Salonique. Bida.
- Une Juive de Salonique. Bida.
- Sceau du monastère de Kariès.
- Vue générale de mont Athos. Villevieille.
- Le Conseil des Épistates au mont Athos. Boulanger.

- Saint Georges (fresque de Panselinos dans le Catholicon de Kariès). Pelcoq.
- Monastère d'Iveron. Karl Girardet.
- L'higoumène d'Iveron. Pelcoq.
- La Phiale ou le Baptistère du couvent de Lavra. Lancelot.
- Croix sculptée en bois dans le trésor de Kariès. Thérond.
- Coffret dans le trésor de Kariès. Thérond.
- Peinture de la trapeza de Lavra: les trois patriarches. Thérond.
- La confession. Bida.
- Bas-relief du couvent de Vatopédi. A. Proust.
- Albanais, soldat de la garde des Épistates. Villevieille.
- Vue du couvent d'Esphigmenou. Karl Girardet.
- Intérieur de la cour principale du couvent slave de Kiliandari. Lancelot.
- La récolte des noisettes au mont Athos. Villevieille.
- L'île Chatam, dans l'archipel Galapagos. E. de Bérard.
- Baie de la Poste, dans l'île Floriana (archipel Galapagos). E. de Bérard.
- L'île Charles, dans l'archipel Galapagos. E. de Bérard.
- Aiguade de l'île Charles (archipel Galapagos). E. de Bérard.
- Oiseaux et reptile (archipel Galapagos). Rouyer.
- Côtes de l'île Albermale, dans l'archipel Galapagos. E. de Bérard.
- Oeno, dans l'archipel Pomotou (îles à coraux). E. de Bérard.
- Village de Vanou, dans l'île de Vanikoro (îles à coraux). E. de Bérard.
- Baie de Manevai, dans l'île de Vanikoro (îles à coraux). E. de Bérard.
- Récifs et piton de l'île de Borabora (îles à coraux). E. de Bérard.
- Rade et pic de l'île de Borabora (îles à coraux). E. de Bérard.
- Île de Whitsunday, dans l'archipel Pomotou (îles à coraux). E. de Bérard.
- Brun-Rollet. Fath.
- Traîneau yakoute. Victor Adam.

- Une sorcière tongouse. Victor Adam.
- Port d'Okhotsk. Victor Adam.
- Bazar de Nertchinsk. Victor Adam.
- Colonie ou village yakoute. Victor Adam.
- Voyageur russe en Sibérie. Victor Adam.
- Argali (mouton sauvage). Victor Adam.
- Campement de Tongouses. Victor Adam.
- Chamans yakoutes. Victor Adam.
- Femme yakoute. Victor Adam.
- Poteaux des frontières du pays des Yakoutes et de la Chine. Victor Adam.
- Types indigènes (Australie du Sud). G. Fath.
- Sépultures australiennes dans les bois. Lancelot.
- Sépulture australienne au désert. Doré.
- Restes d'un voyageur retrouvés par ses compagnons dans les déserts du lac Torrens. Doré.
- Oasis d'Éderi (Fezzan). Rouargue.
- Mourzouk (capitale du Fezzan). Rouargue.
- Gorge d'Agueri. Lancelot.
- Vallée d'Auderaz. Rouargue.
- Vue d'Agadez. Lancelot.
- Vue de Kano (entrepôt du Soudan central). Lancelot.
- Dendal ou boulevard de Kouka (capitale du Bornou). Lancelot.
- Vue du lac Tchad. Rouargue.
- Village marghi. Rouargue.
- Halte dans une forêt du Marghi. Rouargue.
- Village mosgou. Rouargue.
- Chef mosgovien. Rouargue.
- Intérieur d'une habitation mosgovienne. Rouargue.
- Chef kanembou. Rouargue.
- Entrée du sultan de Baghirmi dans Maséna (sa capitale). Rouargue.
- Une razzia à Barea (Mosgou). Rouargue.
- Vue du marché de Sokoto. Hadamard.
- Bac sur le Niger, à Say. Rouargue.

- Vue des monts Homboris. Lancelot.
- Village sonray. Lancelot.
- Vue de Kabra (port de Tembouctou). Rouargue.
- Camp touareg. Lancelot.
- Arrivée à Tembouctou. Lancelot.
- Vue générale de Tembouctou. Lancelot.
- Portrait en pied du baron de Wogan en costume de voyage. J. Pelcoq.
- Grass-Valley. J. Pelcoq.
- Un claim ou atelier de mineur. J. Pelcoq.
- Forêt de taxodium giganteum ou pins géants. Lancelot.
- Un cañon ou passage de la Sierra-Wah. Lancelot.
- La case du jugement. J. Pelcoq.
- Le poteau de la guerre. J. Pelcoq.
- Types d'Indiennes du Rio-Colorado. J. Pelcoq.
- Grande pagode de Rangoun. Français.
- Bateau à voile sur l'Irawady. Cliché anglais.
- Canot de parade. Cliché anglais.
- Bateau de commerce. Cliché anglais.
- Birmans dans une forêt. J. Pelcoq.
- Pattshaing ou tambour-harmonica. Cliché anglais.
- Pattshaing à baguettes. Cliché anglais.
- Harpe birmane. Cliché anglais.
- Harmonica birman. Cliché anglais.
- Pagode à Pagán. Cliché anglais.
- Représentation théâtrale dans le royaume d'Ava. Hadamard.
- Dagobah ou pagode en forme de cloche. Cliché anglais.
- Intérieur d'une pagode. Cliché anglais.
- Maison de l'ambassade à Amarapoura. Cliché anglais.
- Vallée des puits de bitume. Karl Girardet.
- Types de grands seigneurs et hauts fonctionnaires birmans. Morin.
- Le palais du roi et l'éléphant blanc. Navlet.
- Sculptures comiques dans le monastère royal à Amarapoura. Lancelot.

- Vue du Maha-Toolut-Boungyo (monastère royal à Amara-poura). Lancelot.
- Détails intérieurs du Maha-comiye-peima à Amarapoura. Navlet.
- Une porte à Amarapoura. Cliché anglais.
- Canon birman. Cliché anglais.
- Danse des éléphants. Cliché anglais.
- Canal d'irrigation dans le royaume d'Ava. Cliché anglais.
- Jeunes dames birmanes. Morin.
- Le temple du Dragon. Lancelot.
- Rives de l'Irawady (près des mines de rubis). Cliché anglais.
- Petite pagode à Mengoun. Cliché anglais.
- Grand temple de Mengoun (depuis le tremblement de terre de 1839). Karl Girardet.
- Vallée de l'Irawady au confluent du Myit-Nge. Paul Huet.
- Temple ruiné à Pagán. Lancelot.
- Salces ou volcans de boue à Membo. Cliché anglais.
- Cônes volcaniques dans la plaine de Membo. Cliché anglais.
- Paysans birmans en voyage. Cliché anglais.
- Statue gigantesque de Bouddha à Amarapoura. Lancelot.
- Zanzibar vue de la mer. E. de Bérard.
- Portrait de feu l'iman de Zanzibar. E. de Bérard.
- Pont de la ville de Zanzibar. E. de Bérard.
- Un village de la Mrima. Lavieille.
- Jihoué la Mkoa ou la roche ronde. Cliché anglais.
- La fontaine qui bout (source thermale dans le Khoutou). Cliché anglais.
- Sycomore africain. Cliché anglais.
- L'Ougogo. Cliché anglais.
- Burton et ses compagnons en marche. Lavieille.
- Chaîne côtière de l'Afrique occidentale. Lavieille.
- Passe dans l'Ousagara. Lavieille.
- Paysage dans l'Ounyamouézi. Lavieille.
- Noirs de l'Ousumboua. G. Boulanger.

- Huttes à Mséné. Lavieille.
- Nègres porteurs. G. Boulanger.
- Noir de l'Ouganda. G. Boulanger.
- Habitation de Snay ben Amir à Kazeh. Lavieille.
- Jeunes dames à Kazeh. G. Boulanger.
- Coiffures des indigènes de l'Ounyanyembé. Cliché anglais.
- Coiffures des indigènes de l'Oujiji. Cliché anglais.
- Maison des étrangers à Kaouélé. Lavieille.
- Navigation sur le lac Tanganyika. Lavieille.
- Le capitaine Burton sur le lac Tanganyika. Lavieille.
- Habitation au bord du lac Tanganyika. Lavieille.
- Le bassin du Maroro. Lavieille.
- Instruments et ustensiles des Ouajiji. Cliché anglais.
- Riverains du Tanganyika (côté ouest). Cliché anglais.
- Riverains du Tanganyika (côté sud). Cliché anglais.
- Le bassin du Kisanga. Lavieille.
- Végétation de l'Ougogi. Lavieille.
- Passe de l'Ouzagara. Cliché anglais.
- Rocher de l'Éléphant près du cap Gardafui. Cliché anglais.
- Dernier établissement égyptien dans le Fazogl. Lancelot.
- Contrée des Shelouks sur le Saubat. Lancelot.
- Bélénia (village bari sur le fleuve Blanc). Lancelot.
- Habitants de la Havane. Potin.
- Coolies chinois à Cuba. Pelcoq.
- Vue générale de la Havane (capitale de Cuba). Lancelot.
- Avenue de palmiers devant une habitation de Cuba. E. de Bérard.
- Cathédrale de la Havane. Navlet.
- La volante (voiture de la Havane). Victor Adam.
- Vue de Matanzas. Lancelot.
- Paysage dans l'île de Cuba: Loma (coteau) de Candela. Paul Huet.
- Paysage dans l'île de Cuba (Loma de la Givora). Paul Huet.
- Grenoble et les Alpes dauphinoises. Karl Girardet.
- Les Grands Goulets. Karl Girardet.
- Pont-en-Royans. Doré.

- Sainte-Croix et les ruines du château de Quint. Karl Girardet.
- Die et la vallée de Roumeyer (vue prise des hauteurs de Saint-Justin). Français.
- Le Mont-Aiguille (vu de Clelles). Daubigny.
- Pontaix. Karl Girardet.
- Roumeyer et le mont Glandaz. Français.
- Entrée de la vallée de Roumeyer. Karl Girardet.
- La vallée de Léoncel. Karl Girardet.
- La vallée de la Véoure et de la plaine du Rhône (vue prise des hauteurs de la Vacherie). Karl Girardet.
- Beaufort. Français.
- La forêt de Saou. Sabatier.
- Poët-Cellard. Karl Girardet.
- Bourdeaux. Karl Girardet.
- Le Velan et Plan-de-Baix (vue des sources du Ruïdoux). Karl Girardet.
- Cascade de la Druïse. Karl Girardet.
- La gorge de Trente-Pas. Karl Girardet.
- Le mont Viso. Sabatier.
- Le pont du Diable. Sabatier.
- Le lac de l'Échauda. Sabatier.
- Le Pelvoux. Sabatier.
- Le mont Aurouze. Français.
- Les montagnes du Devoluy. Karl Girardet.
- Ruines de la Chartreuse de Durbon. Karl Girardet.

CARTES ET PLANS.

- Carte de la Sicile,par M. A. Vuillemin.
- Carte de la Perse, par M. A. Vuillemin.
- Carte des grandes et petites Antilles, par M. A. Vuillemin.
- Carte du haut Télémark (Norvége méridionale), d'après M. Paul Riant.
- Carte de la presqu'île de Bergen, d'après M. Paul Riant.
- Carte de la Chalcidique, par M. A. Vuillemin.
- Partie du gouvernement d'Yakoutsk, par Piadischeff.
- Carte de l'Australie, par M. A. Vuillemin.
- Carte des voyages du docteur Henri Barth en Afrique (partie orientale) d'après M. de Lanoye.
- Voyage du docteur Barth (Itinéraire de Sokoto à Tembouctou), par M. A. Vuillemin.
- Carte du cours inférieur de l'Irawady comprenant les possessions britanniques et la partie sud du royaume d'Ava, d'après le capitaine H. Yule.
- Plan d'Amarapoura et de sa banlieue, d'après les relevés du major Grant Allan.
- Carte du cours supérieur de l'Irawady et partie nord du royaume d'Ava, d'après le cap. Yule.
- Carte du voyage de Burton et Speke aux grands lacs de l'Afrique orientale (Itinéraire de Zanzibar à Kazeh).
- Carte du voyage de Burton et Speke aux grands lacs de l'Afrique orientale (2e partie).
- Carte de l'île de Cuba, par M. A. Vuillemin.
- Carte du Dauphiné (partie occidentale: Isère et Drôme), par M. A. Vuillemin.
- Carte du Dauphiné (partie orientale: Isère et Hautes-Alpes), par M. A. Vuillemin.

ERRATA.

I. Sous le titre Voyage d'un naturaliste, pages 139 et 146, on a imprimé: (1858.—INÉDIT).—Cette date et cette qualification ne peuvent s'appliquer qu'à la traduction.

La note qui commence la page 139 donne la date du voyage (1838) et avertit les lecteurs que le texte a été publié en anglais.

II. Dans un certain nombre d'exemplaires, le voyage du capitaine Burton aux grands lacs de l'Afrique orientale, 1re partie, 46e livraison, le mot ORIENTALE se trouve remplacé par celui d'OCCIDENTALE.

III. On a omis, sous les titres de Juif et Juive de Salonique, dessins de Bida, pages 108 et 109, la mention suivante: d'après M. A. Proust.

IV. On a également omis de donner, à la page 146, la description des oiseaux et du reptile de l'archipel des Galapagos représentés sur la page 145. Nous réparons cette omission:

1º Tanagra Darwinii, variété du genre des Tanagras très-nombreux en Amérique. Ces oiseaux ne diffèrent de nos moineaux, dont ils ont à peu près les habitudes, que par la brillante diversité des couleurs et par les échancrures de la mandibule supérieure de leur bec.

2º Cactornis assimilis: Darwin le nomme Tisseim des Galapagos, où l'on peut le voir souvent grimper autour des fleurs du grand cactus. Il appartient particulièrement à l'île Saint-Charles. Des treize espèces du genre pinson, que le naturaliste trouva dans cet archipel, chacune semble affectée à une île en particulier.

3º Pyrocephalus nanus, très-joli petit oiseau du sous-genre muscicapa, gobe-mouches, tyrans ou moucherolles. Le mâle de cette variété a une tête de feu. Il hante à la fois les bois humides des plus hautes parties des îles Galapagos et les districts arides et rocailleux.

4º Sylvicola aureola. Ce charmant oiseau, d'un jaune d'or, appartient aux îles Galapagos.

5º Le Leiocephalus grayii est l'une des nombreuses nouveautés rapportées par les navigateurs du Beagle. Dans le pays on le nomme holotropis, et moins curieux peut-être que l'amblyrhinchus, il est cependant remarquable en ce que c'est un des plus beaux sauriens, sinon le plus beau saurien qui existe.

Le saurien amblyrhinchus cristatus, que nous reproduisons ici, est décrit dans le texte, page 147.

Amblyrhinchus cristatus, iguane des îles Galapagos.

IMPRIMERIE GÉNÉRALE DE CH. LAHURE
Rue de Fleurus, 9, à Paris

Note 1: La Sicile, la plus grande île de la Méditerranée (720 kilomètres de tour), paraît avoir été primitivement réunie au continent; un cataclysme soudain l'aurait, suivant d'anciennes traditions conformes aux indications de la science géologique, séparée du continent italien, et aurait donné passage à la mer qui coule entre la côte de Messine et les montagnes de la Calabre. La forme de l'île est à peu près celle d'un triangle allongé, dont les trois angles ont pour sommets le cap Faro (l'ancien pelorus) au nord-est, le cap Boco ou de Marsala (Lilybæum) a l'ouest, le cap Passera(Pachinum) au sudest. Diverses chaînes de montagnes, dont les principales sont les Pélores et les Nébrodes, continuation, à ce qu'il semble, des Apennins, traversent la Sicile de l'est au sud-ouest et descendent du centre au sud-est, tandis que l'Etna y forme un groupe indépendant. Elle est arrosée par plusieurs cours d'eau dont les plus importants, la Giarretta, le Platani, le Salso, le Cantara, le Belici, etc., sont plutôt des torrents que de véritables rivières.[Retour au texte principal]